AFTER REQUIEM

AFTER REQUIEM

PAUL MONTJOY FORTI

Valparaíso
EDICIONES

Número 407 de la Colección VALPARAÍSO DE POESÍA
dirigida por FEDERICO DÍAZ-GRANADOS

Diseño de colección: Chari Nogales
Maquetación: Ciclo Creativo

Primera edición: febrero de 2024

© De los poemas: Paul Montjoy Forti
© Imagen de portada: Rodrigo Del Castillo

© Valparaíso Ediciones
C/ Fray Leopoldo, 7 bajo, 18014 Granada
www.valparaisoediciones.es

ISBN: 978-84-10073-18-0
Depósito Legal: GR 6-2024

Impreso en España - *Printed in Spain*
Gráficas Gami

A Bertha, nuevamente.

Y cuándo nos veremos con los demás, al borde
de una mañana eterna, desayunados todos.
Hasta cuándo este valle de lágrimas, a donde
Yo nunca dije que me trajeran.

LA CENA MISERABLE, CÉSAR VALLEJO

Madre, cuando yo me muera,
que se enteren los señores.
Pon telegramas azules
que vayan del Sur al Norte.

MUERTO DE AMOR, FEDERICO GARCÍA LORCA

Preludio

Music is another way
Between the window and the table
In our blue house
To die.

Tape A

Lennon, Cash, Bowie
Hendrix, Joplin, Marley
Morrison, Jackson, Mercury
Elvis, Cobain, Winehouse
Cohen, Prince, Sinatra

Lado B

Bravo, de Lucía, Cabral
Moura, Aguilera, Cerati
Spinetta, Sosa, Krahe,
Granda, Lavoe, Gardel

Posludio

Solo queda escucharlos
Hasta la muerte
Imprevista
De uno mismo.

RECUERDO DE LA CASA ANTIGUA

Recuerdo aquella casa
La brisa siempre acariciaba las ventanas
Corrían por los pasillos los helechos
Y mis muñecos de trapo
Y los espejos
El sol iluminaba el patio algunas mañanas
También se iluminaban los rostros
De los tíos, los primos, las sonrisas
El reloj estaba colgado en el comedor
Y los mandiles en la cocina
Y en el corral las prendas íntimas
Recuerdo los techos altos
Las violetas vanidosas en la sala
Las gaviotas en los tejados
Despegar aterrizar siempre vacías
El segundo piso prohibido
Donde habitaban los payasos
Y los olvidados libros del abuelo
Que nunca conocí.

Ahora, paso por la casa antigua
Que ya no nos pertenece
Por fuera el tiempo no ha pasado
Pero nos queda el recuerdo
Donde había primos
Juego
Flores
Reloj

Patio
Ahora existe una puerta
Para siempre
Cerrada.

VIUDA

A Rosa, Lucila y Marco

Verlo allí
Con la espalda de cuervo
La mañana blanca por la ventana
Sábanas tibias de sexo blando
Tu calor tu sudor tus manos
Café que se prepara en la cocina
Hálito lloroso de los abrazos
Sentir los colores
Escuchar las formas
El cuello en el que me aferro
Desnuda
La boca que busco
Alimentando a los hijos
Comiendo tus palabras
Encima de ti.

Salió caminante por la mañana
En la casa las hijas y el vientre
Y en la noche junto a los astros
Incrustado a los fierros de un coche
Eternamente joven
Se volvió recuerdo.

ORACIÓN

Señor, los vientos tristes se han pintado de negro
Es la humanidad un escupitajo de mosca
El hombre ya no cosecha flores de los surcos
Han muerto niños que soñaron con poesía
No nos perdones, nosotros tenemos la culpa.

Señor, los vientos tristes se han pintado de negro
Ya no crecen frutos en los campos, solo el hambre
Pecado, nos matamos los unos a los otros
El paso del tiempo no solo asesina ancianos
Matan estatuas de huesos con homenajes tiernos.

Señor, los tristes vientos se han pintado de negro
Los hombres mienten que duermes en copones de oro
A golpes convertimos tu casa en este infierno
Necios, llorando de rodillas te suplicamos
Una mano al pecho, pero en la otra te mordemos.

Señor, los vientos tristes se han pintado de negro
Somos la bestia que llora después de matar
Somos un esqueleto andante de pesadilla
No nos perdones, nosotros tenemos la culpa
Han muerto niños que soñaron con poesía.

LIBRO PROHIBIDO

Leo el libro prohibido
Y me encuentro con la muerte
Luz de la ventana de la casa vieja
Hoja tras hoja guadañan los años
Verme reflejado en ella
Y no soy más que el niño
Que se mira al espejo y llora.

Afuera de la ventana, la nada.

Leo el libro prohibido
Y me tiro al suelo con mi suerte
Los muebles antiguos empolvados
Pasar los capítulos como pasa el tiempo
Verla caminar lentamente
Por los corredores
De mi familia.

Afuera de la ventana la nada.

Leo el libro prohibido
Y me encuentro con la muerte
Las macetas que ahora están vacías
Dejar que en silencio derrumbe las paredes
Habitaciones de techos altos
Verla bailar existencia
Sin sentido.

Afuera de la ventana la nada.

Leo el libro prohibido
Y me encuentro con la muerte
Que me mira y se ve reflejada en mí
Sentir los tiempos tormentosos
La mesa para siempre vacía
Y no ser más que un niño
Que se mira al espejo y llora.

Leo el libro prohibido
Y me encuentro con la muerte.
¿Me abraza?
¿Me seduce?
¿Me habla?

TAPE A

EL EFEBO mira el horizonte
Atardecer valeroso
Sonríe nervioso
Se lanza del puente.

PASEA por la calle aquel humano
Decorado, parece un saco de flores
Dormido y rodeado de sombras
Metido en una caja.

HA CAÍDO un cuerpo en medio de la calle
Alrededor, un círculo-rombo-triángulo
Hay mucho ruido y confusión
Brotan de él mariposas.

SEA EL NIÑO carpintero o poeta
Albañil, músico o político
Cualquier género o sexo
Será alimento de gusano.

NO BASTA con llorar después del instante
Habrá que comprar con pena el cajón
El coche fúnebre el-nicho-las-flores
El café y los vasitos para repartir.

MIRO el espejo
Aquel imitador que veo
Con la barba mal cortada y los ojos tristes
¿No está acaso ya muerto?

BEBO esta tacita de café
Miro pasar los pájaros por la ventana
Temo. Rasco mis calzoncillos
No sé si será la última.

EL JOVEN, tierno de piel y mente
Recibe el resultado de un test vocacional
Se frota los ojos con las manos sucias
Está hecho para morir.

AFTER REQUIEM

El niño está sentado en la silla
Mira sus manos sucias por el juego
Mira al fondo del pasillo a su abuela
Mira el cielo a través de la ventana
Sueña el niño con ser pájaro
Y volar por los surcos de los tiempos
Sueña el niño con ser viento
Y soplar por el zaguán y corredores
Ve claramente los cuadros de la casa
Siente tímido que los colores le hablan
Las reuniones familiares y almuerzos
Se siente solo, siente que existe
El tiempo ha confundido los sentidos
Sabe que la silla siempre estuvo allí
Huele la brisa penetrante de las mañanas
Paredes de cerámico y azulejos
Yace el pequeño allí sentado
Se hace lentamente polvo, relativo
Se sabe humano, se sabe vacío
Mira el cielo través de la ventana
Sueña el niño con ser pájaro
Sueña al fondo del pasillo a su abuela
Para siempre muerta
Y le sonríe.

CORPUS RECORDARIS

vino el pájaro
y devoró al gusano
vino el hombre
y devoró al pájaro
vino el gusano
y devoró al hombre.

JUSTICIA, BLANCA VARELA

—de cuando el cuerpo yace—

Cuerpo
Con ojillos quietos
Putrefacto
Soledad en el pasillo
Ráfaga de luz,
Pelusa que vuela
En la ráfaga de luz
Que muere
De su
Vientre
no salen niños
Sino moscas.

Esto no es un poema. El disco que gira y gira en el tocador. Cigarros. Libros desgastados. Cenizas de cigarros. Botellas. Cuerpo desnudo. Alfombra que no sabe de amor. Gotitas celestes que se escurren por el cristal. Ventana silenciosa de edificios suicidas. Cama. Ceniceros. Sábana. Mancha en la sábana. Semen. Ropa sucia. Polvo. Ráfaga de luz. Pared coral. Pelusa que vuela en la ráfaga de luz. Pared coral. Ráfaga de luz. Polvo. Ropa Sucia. Semen. Mancha en la sábana. Sábana. Cama. Ceniceros. Ventana silenciosa de edificios suicidas. Gotitas celestes que se escurren por el cristal. Alfombra que no sabe de amor. Cuerpo desnudo. Botellas. Cenizas de cigarros. Libros desgastados. El disco que gira y gira en el tocador. Esto no es un poema.

Van los zapatos
Y los pasos de su suela

Y los recuerdos de sus pasos
Y la tristeza de los recuerdos
Y el tiempo de la tristeza
Y su vejez
Por el pasillo.

paso a
    paso a
        paso a
            paso a
                paso a
                    paso a
                        paso a
                            paso a
                                paso a
                                  la muerte.

                  y
              de pronto,
        usted cayó por la ventana.

PERCUSIÓNPERCUSIÓNPERCUSIÓNPERCUSIÓN
PERCUSIÓNPERCUSIÓNPERCUSIÓNPERCUSIÓN
PERCUSIÓNPERCUSIÓNPERCUSIÓNPERCUSIÓN
PERCUSIÓNPERCUSIÓNPERCUSIÓNPERCUSIÓN
PERCUSIÓNPERCUSIÓNPERCUSIÓNPERCUSIÓN
PERCUSIÓNPERCUSIÓNPERCUSIÓNPERCUSIÓN
PERCUSIÓNPERCUSIÓNPERCUSIÓNPERCUSIÓN
PERCUSIÓNPERCUSIÓNPERCUSIÓNPERCUSIÓN
PERCUSIÓNPERCUSIÓNPERCUSIÓNPERCUSIÓN

PERCUSIÓNPERCUSIÓNPERCUSIÓNPERCUSIÓN
PERCUSIÓNPERCUSIÓNPERCUSIÓNPERCUSIÓN
PERCUSIÓNPERCUSIÓNPERCUSIÓNPERCUSIÓN
PERCUSIÓNPERCUSIÓNPERCUSIÓNPERCUSIÓN
PERCUSIÓNPERCUSIÓNPERCUSIÓNPERCUSIÓN
PERCUSIÓNPERCUSIÓNPERCUSIÓNPERCUSIÓN
hay un hombre muerto en la alfombra.

putrefacto
de su vientre no salen niños
solo moscas.

Van los zapatos
Y los pasos pasados
Y la infancia feliz
Y la músicaherenciadesupadre
Y la comida de casa
Y el sueño
Ya no existe.

Hay un periódico sobre la mesa. Qué importa. Ha subido
el desempleo. Niñitos mueren por no tener que comer.
Cierran sus ojitos. Los padres les pegan a las madres. Las
madres los ven morir. Represión policial. Protestas. Bajó
la bolsa. Una taza de café ya frío. El disco que gira y gira
en el tocador. Espejo empañado. Edición de esta mañana.
El disco que gira y gira en el tocador. Espejo empañado.
Una taza de café ya frío. Bajó la bolsa. Protestas. Represión
policial. Los padres les pegan a las madres. Las madres
los ven morir. Cierran sus ojitos. Niñitos mueren por no
tener qué comer. Ha subido el desempleo. Qué importa.
Hay un periódico sobre la mesa.

cuerpo
frígido
y el recuerdo del cuerpo
desvanecido
ráfaga de luz
pelusa que vuela
en la ráfaga de luz.

un niño.

—de la niñez—
El niño tiene ojotes abiertos
El niño lleva un peinado de rayas
Para no golpearse, lleva almohadones
Se tambalea como imbécil
Aprende a caminar
Ráfaga de luz
Que le ilumina el rostro.

Duerme mi niño. Canción de cuna. Sonrisa de charol. Disfruta. Disfruta. De tu libérrima libertad que se acaba en el colegio. Profesores con rostro de muertos. Libros matemáticos. Problemas. Aplicaciones a la universidad. Nada de músico, artista o escritor. Evitar morirse de hambre. Trabajar para otros dueños. Pagar impuestos. Reproducirse. Divorciarse. Reproducirse. Pagar impuestos. Trabajar para otros dueños. Evitar morirse de hambre. Nada de músico, artista o escritor. Aplicaciones a la universidad. Problemas. Libros matemáticos. Profesores con rostro de muertos. De tu libérrima libertad que se acaba en el colegio. Disfruta. Disfruta. Sonrisa de charol. Canción de cuna. Duerme mi niño.

                    Disfruta que Mickey Mouse
                    cuando no sale en televisión
                    cobra en dólares.

Niño,
Cuerpito de cuna
Si creces
Será contra tu voluntad.

¿Qué sueñas, niño?

        —de las percusiones y de las cuerdas—

déjelo correr
déjelo acariciar las piernas tibias
déjalo morder pezones
de novias.

déjelo hacer el amor

déjelo fumar marihuana
déjelo correr desnudo
déjelo mostrar su pene
dibujando una flor.

déjelo no creer en dios

déjelo llorar
déjelo emborracharse y vomitar
déjelo escuchar música

déjelo,
pero jamás de los jamases
deje que sea poeta.

e
s
t
a
e
s
l
a
c
u
e
r
d
a
p
o
r
d
o
n
d
e
c
a
e
n
t

o
d
o
s
l
o
s
sueños.

el disco que gira y gira en el tocador
vocecita que retumba en el pecho
percusionista solitario en el concierto vacío
no hay lugar
ni dónde
ni cuándo

solo una sala
y una ventana cagada por los pájaros.

Autoreflexión:
Si usted hace música solo recuerde que
nunca podrá llegar a ser como
[colocar nombre de su cantante favorito]

Aplicar para cualquier arte u oficio.

esta es la cuerda por donde caen todos los sueños
la percusión interrumpe la puerta,
la ventana con gotitas celestes
la sala de la casa sin periódicos o con ellos
la sábana con semen

otra muchacha llega para hacer el amor
otro muchacho llega para hacer el amor

y de amor, amores, de tanto amor
nada va a cambiar
seguirás pagando impuestos.

PERCUSIÓNPERCUSIÓNPERCUSIÓNPERCUSIÓN
PERCUSIÓNPERCUSIÓNPERCUSIÓNPERCUSIÓN
PERCUSIÓNPERCUSIÓNPERCUSIÓNPERCUSIÓN
PERCUSIÓNPERCUSIÓNPERCUSIÓNPERCUSIÓN
PERCUSIÓNPERCUSIÓNPERCUSIÓNPERCUSIÓN
PERCUSIÓNPERCUSIÓNPERCUSIÓNPERCUSIÓN
PERCUSIÓNPERCUSIÓNPERCUSIÓNPERCUSIÓN
PERCUSIÓNPERCUSIÓNPERCUSIÓNPERCUSIÓN
PERCUSIÓNPERCUSIÓNPERCUSIÓNPERCUSIÓN
PERCUSIÓNPERCUSIÓNPERCUSIÓNPERCUSIÓN
PERCUSIÓNPERCUSIÓNPERCUSIÓNPERCUSIÓN
PERCUSIÓNPERCUSIÓNPERCUSIÓNPERCUSIÓN
PERCUSIÓNPERCUSIÓNPERCUSIÓNPERCUSIÓN
PERCUSIÓNPERCUSIÓNPERCUSIÓNPERCUSIÓN
PERCUSIÓNPERCUSIÓNPERCUSIÓNPERCUSIÓN

déjate correr
déjate acariciar las piernas tibias
déjate morder pezones
de novias.

déjate hacer el amor

déjate fumar marihuana

déjate correr desnudo
déjate mostrar su pene
dibujando una flor.

déjate no creer en dios

déjate llorar
déjate emborracharse y vomitar
déjate escuchar música

déjate,
pero jamás de los jamases
dejes de ser poeta.

        —recordaris y despedida—

¿lo ves?
ahí está al frente el parque de tu infancia
y estás tú con la mano extendida de tu padre
y estás tú con esa ropa de niño
cuando solo eras un niño

¿lo ves?
estás tú otra vez en esa escuela vacía
con otros con los que ya no te hablas
los cuadernos que ya no existen

¿lo ves?
ahora estás jugando en tu habitación
con esos juguetes que te trajo tu madre de no sé donde
con las paredes altas y los pasillos

Nada de eso existe ahora.

¿qué mierda hacemos con el tiempo?

Mira las paredes desnudas. Los labios que nunca besaste.
Las veces que perdiste una oportunidad. Las canciones
con las que te encaprichaste. Los parques de la infancia.
Las ciudades con sus edificios silenciosos. Vuelo de pájaro
en los aviones. Tu sexo. Los libros empolvados que nunca
leíste. Esto que no es un poema. Nada importa. Esto que
no es un poema. Los libros empolvados que nunca leíste.
Tu sexo. Vuelo de pájaro en los aviones. Las ciudades
con sus edificios silenciosos. Los parques de la infancia.
Las canciones con las que te encaprichaste. Las veces que
perdiste una oportunidad. Los labios que nunca besaste.
Mira las paredes desnudas.

Good bye Londres
      Good bye New York
      Solo queda este cajón.

                    —del final—

Cuerpo
Con ojillos quietos
Putrefacto
Soledad en el pasillo
Ráfaga de luz,
Pelusa que vuela
En la ráfaga de luz
Salen moscas.

Quiero verte la cara, niño que fuiste, pero las flores te cubren. Eres un jardín de rosas blancas. Eres, ahora, un pájaro que vuela por cielos blancos. Eres la tierra de donde germinan las más bellas flores y los aromas de las flores. Eres el aroma y el aire que se lleva el aroma. La ráfaga de luz y la pelusa que vuela en la ráfaga de luz. Eres el cielo y las estrellas del cielo, las constelaciones. Eres un beso adolescente, la libertad, la música y el cosmos.

Y van los zapatos
Y los pasos de su suela
Y los recuerdos de sus pasos
Y la tristeza de los recuerdos
Por el pasillo
Sin su dueño.

REQUIEM AFTER

Y le sonríe
Para siempre muerta
Sueña al fondo del pasillo a su abuela
Sueña el niño con ser pájaro
Mira el cielo través de la ventana
Se sabe humano, se sabe vacío
Se hace lentamente polvo, relativo
Yace el pequeño allí sentado
Paredes de cerámico y azulejos
Huele la brisa penetrante de las mañanas
Sabe que la silla siempre estuvo allí
El tiempo ha confundido los sentidos
Se siente solo, siente que existe
Las reuniones familiares y almuerzos
Siente tímido que los colores le hablan
Ve claramente los cuadros de la casa
Y soplar por el zaguán y corredores
Sueña el niño con ser viento
Y volar por los surcos de los tiempos
Sueña el niño con ser pájaro
Mira el cielo a través de la ventana
Mira al fondo del pasillo a su abuela
Mira sus manos sucias por el juego
El niño está sentado en la silla.

TAPE B

A Félix Francisco Casanova

EL BELLO POETA se desnuda
Se mete en la ducha, juega con espuma
Se siente en un sueño, por siempre joven
Muere de una fuga de gas.

LAS ABUELAS son injustas
Se vuelven indispensables
Abrazan sin importar las espinas
Y se mueren de pronto.

SIGO esperando sin respirar
Bajo esta luna y sobre tu cama
Imaginando tu cuerpo desnudo
Sin saber si estoy vivo o muerto.

MUERE el animal, el humano olvida
El esqueleto es devorado por los cuervos
Muere el humano, el humano olvida
Deja que se lo devoren las palabras.

ME PREGUNTO en silencio
Cuando por las mañanas me pongo la camisa
Veo a Alicia en mi rostro acongojado
¿Acaso la muerte no es pasar el espejo?

QUIÉN SABE la respuesta a la pregunta
Muevo un pie y mi trasero. Fumo
En las mañanas tomo café y muero
Escuchando rock and roll.

LA NIÑA enamorada
Envuelta en su chaqueta de cuero
Corre en motocicleta, vientos de colores
Va al encuentro de su muerte.

ESTAR MUERTO es levantarse
Caminar todos los días por la misma calle
Gente vestida igual a la misma hora
No saber si saludar.

TAKE THE GUN

Apúntame con tu desnudez
Pequeño sexo, sombra con ternura
Dime al oído que me quieres y desaparece
En la noche silenciosa de los monstruos
Veo en el espejo un animal enfermo
Gusano rastrero que alimenta pájaros
Percusión de la música lejana
Que retumba en las cabezas
Observarnos sin pensar nada
Desvísteme con las palabras
Un lunes, un martes, un miércoles
O en el aburrimiento de los domingos
La noche y la mañana es lo mismo
Apúntame y te llenaré de colores
Impersonal ser escurridizo
Ojos que rebotan en las escaleras
Bésame la timidez y el glande
¿Soñará el pez con ser gusano?
Explotar mis sesos en tus manos
Que afuera todo siga sin sentido
Take the gun y dispárame
Que ya estoy muerto.

RECUERDO DE UNA ESTATUA QUE YA NO ESTÁ

El centro de todo fue una estatua de sal
Si se construyen las paredes de la casa es por ella
Y los pasillos están llenos de rostros vacíos
Y en las camas se prostituyen los abrazos
Camino y me acerco a ella y veo sus ojos bellos
Está el pasado-presente-futuro
Y no soy más que un muerto que vive
A veces, la estatua me acaricia
Entonces no hay llanto
Y los colores se mueven como pájaros
Y en la cocina la esencia del café
Sonrío;
Pero es todo un espejo roto
El pasillo para siempre interminable
Donde mueren los lunes los helechos
Y los bosques de las largas piernas
Un libro escrito a imagen de la estatua
Se le muere la sal;
Una existencia deshojada por el viento
Y la pintura desteñida por el sol
Y las imágenes de una infancia olvidada
Era feliz cuando me miraba
Soy la nada, la puta hambrienta
Y la existencia no es más que la misma
A veces sueño con aquella estatua
Viene al alma un hilo ¡alegría!
Eso que llaman amor
Pero el instante es instante

Las ventanas y la brisa
Hediondez rutinaria
Reloj que pesa y hunde
Pero abro los ojos
Ya no estás
Y me viola
Y me viola
La nada.

PREGUNTAS SUELTAS

Cuando mamá escondió los juguetes de mi cuarto, ¿mató a mi infancia?

¿Será este, acaso, un viaje largo donde el despertar se llama muerte?

Si me levanto y el espejo se rehúsa a reflejarme, ¿estoy muerto?

Cuando se acaba una película o un libro, ¿quién mató a los personajes?

¿La noche es el verdugo silencioso de la tarde?

La mariposa cuando sale de su capullo, ¿mata al gusano?

Si un asesino mata a un suicida, ¿le ha dado la vida?

Las palabras también sor dardos, ¿acaso matan?

Me pregunto, ¿no es el reloj, acaso, asesino del instante?

¿Acaso no morimos con las muertes que nos rodean?

PÁJARO

Este es mi reino
De humanos diminutos
Enjaulados en sus ventanas
Automóviles, parientes
Y el cielo gris que no se mueve
Encasillado
El viento me acaricia
Y siento
El fango pesado de los pies
Del mundo que no empieza
Ni termina
Observar el vacío
Tratar de no temblar
Volverse diminuto ante el otro
La sombra silenciosa
Que desmembraba la infancia
Con un televisor
Este es mi reino
Una silla y la nada
Película de los recuerdos
El hombre ha muerto
Cuando caga, por ejemplo
O llora
El hombre ha muerto
No se ve desde los astros
Sus diminutas ventanas
Parques y avenidas
Soledad.

Algún día
Me lanzaré del edificio
Y no me verán caer.

EL HOMBRE

El horizonte es siempre tardío
Y el hombre siempre caminante
Punto sin destino y sin final
Tantos sentimientos ¡al mar!
Somos el aire irrespirable
Somos indefensos la muerte
Calendario de días dolidos
La ventana sin profundidad
No somos más que el hombre
Por ende, no más que la orfandad
Palabras torpes, vaso sin alas
Solo nos queda el andar
El horizonte es siempre tardío
Nuestra alma está siempre vacía
El mundo está hecho de arena
Y el hombre,
Sin vida
Diminuto ante el mar.

CUERPO INERTE

Este amor
Que se escurre por la ventana
Entre nuestros cuerpos
Como un gusano
Y te veo ahí,
Delante, inmóvil… inerte
Como los recuerdos
Cuando floreces.

Este amor de infancia
Que es a blanco y negro
En la oscuridad de una noche
Cálido corazón humano
El jardín azul florado
De una boca abierta
Cuando disparas
Palabras.

Este amor violeta
Que no sabe escuchar
El paso de los ancianos a la muerte
Como reloj de la cocina
Pájaro de pared amarillo
Que estás inmóvil
Si me hablaras…
Si me hablaras…

Este amor final
Que se esfuma cuando muero
Que se vuelve recuerdo
Mi epitafio de huesos
Y el llanto ahogado
De verte allí…
De verte allí…
y no saber si tocarte.

ECO

Grita el hombre
Y la palabra retumba
Entre las paredes
Sala
Pasillo
Cuartos del fondo.

La palabra es lágrima
La palabra es recuerdo
La palabra es sombra
Rebota.

¿Me escuchas?
Grito en la sombra
Sabiendo de que ya
No estás.

MATERNIDAD

A Rosa María

Dar un paso tras el otro
Ver tras el manto trasparente
El jardín tranquilo de la vergüenza
Los brazos tibios que esperan
En medio de un torbellino delirante
Dar un paso tras el otro
Con miedo de romper silencio
O quebrar el vaso cristalino de la vida
Suave caricia de mano húmeda
Para sentir los latidos del ombligo
Dar un paso tras el otro
Ver tras el manto trasparente
Las piernas hinchadas de grandeza
Rosa pálida que mira por la ventana
Llevar consigo un cuerpo
Mientras se agarra
El vientre.

* * *

Y ahora deambulo muerta por la vida
Un corazón que a veces se anima a latir
La luz para siempre opaca
El recuerdo
El hálito…
El hálito…
Y los niños.

Este libro se ha podido realizar gracias
a la generosa colaboración de:

Camila Carranza
Eugenio Lou D'anglés
Gonzalo Ortiz Ugaz
Marco Fernandini Limo
Marco Forti Reaño
María José Marcet Yarrow
Mauricio Izaguirre Ikehara
Mauricio Rivas Loret de Mola
Miguel Becerra Limo
Milagros Vivas
Rodrigo Gutiérrez Montero
Sergio Peramás Cárdenas
Uldarico Sarmiento Ossio
Viveka Medianero Montjoy

A todos ellos agradezco.

ÍNDICE